Na cozinha com Bellinha, a Ovelhinha

Na cozinha com Bellinha, a Ovelhinha

ELIANE DEPRÁ

Ilustrações
DANIEL RIBEIRO

Paulinas

Dados Internacionais de Catalogação na Publicação (CIP)
Angélica Ilacqua CRB-8/7057

Deprá, Eliane
 Na cozinha com Bellinha, a Ovelhinha / Eliane Deprá ; ilustrações de Daniel Ribeiro. – São Paulo : Paulinas, 2024.
 32 p. : il., color. (Coleção Sementinha)

 ISBN 978-65-5808-295-8

1. Literatura infantojuvenil 2. Alimentação – Literatura infantojuvenil I. Título II. Ribeiro, Daniel III. Série

24-2121 CDD 028.5

Índice para catálogo sistemático:
1. Literatura infantojuvenil

1ª edição – 2024
1ª reimpressão – 2025

Direção-geral: *Ágda França*
Editora responsável: *Andréia Schweitzer*
Coordenação de revisão: *Marina Mendonça*
Copidesque: *Ana Cecilia Mari*
Revisão: *Sandra Sinzato*
Gerente de produção: *Felício Calegaro Neto*
Produção de arte: *Elaine Alves*
Ilustrações: *Daniel Ribeiro*

Nenhuma parte desta obra pode ser reproduzida ou transmitida por qualquer forma e/ou quaisquer meios (eletrônico ou mecânico, incluindo fotocópia e gravação) ou arquivada em qualquer sistema ou banco de dados sem permissão escrita da Editora. Direitos reservados.

Cadastre-se e receba nossas informações
paulinas.com.br
Telemarketing e SAC: 0800-7010081

Paulinas
Rua Dona Inácia Uchoa, 62
04110-020 – São Paulo – SP (Brasil)
📞 (11) 2125-3500
✉ editora@paulinas.com.br
© Pia Sociedade Filhas de São Paulo – São Paulo, 2024

À Ir. Verônica Firmino, fsp,
minha irmã de Congregação,
que com criatividade e sensibilidade
criou o personagem Bellinha, a Ovelhinha,
para falar dos mais diversos assuntos
com as crianças de todas as idades.

Ao meu irmão Altair e às minhas irmãs
Salete, Zuleide, Noemir, Vera e Bete,
que com seus dotes culinários promovem encontros
deliciosos e alegres para toda a família.

Na cozinha da Bellinha,
tudo é simples e aconchegante.
Lugar do encontro da família,
dos amigos e visitantes.

Por vezes, Bellinha se pergunta:
"O que é mais gostoso:
a conversa ou a refeição?".
Uma coisa é certa, além das deliciosas
comidinhas, há muita animação.

Mas, afinal, o que tem de saboroso
e nutritivo na cozinha da Bellinha?
Tem verduras, legumes,
frutas fresquinhas e viçosas
e todo tipo de leguminosas.

E muito mais...
Tem ovos, carnes e peixes,
grãos e muitos temperos.
Também tem farinha, café e leite,
e o mais puro azeite.

O desjejum de Bellinha e sua turminha
é delicioso e saudável.
Tem queijo, cuscuz, tapioca e requeijão,
iogurte com mel, frutas picadas,
pão com manteiga e muitas risadas.

Na cozinha da Bellinha,
tem sabores, aromas e cores
ihhhhhh... e também
alguns dissabores.

E, quando toca o celular, é melhor ter atenção
para não trocar o sal pelo açúcar
e estragar a refeição.

Toda a turma da Bellinha já sabe de cor,
na cozinha nenhuma criança vai só.
Usar a faca, o fogão, o gás e a energia
só com a vovó, a mamãe, o papai ou a titia.
Assim, com segurança e prevenção,
podemos ter boas receitas e muita diversão.

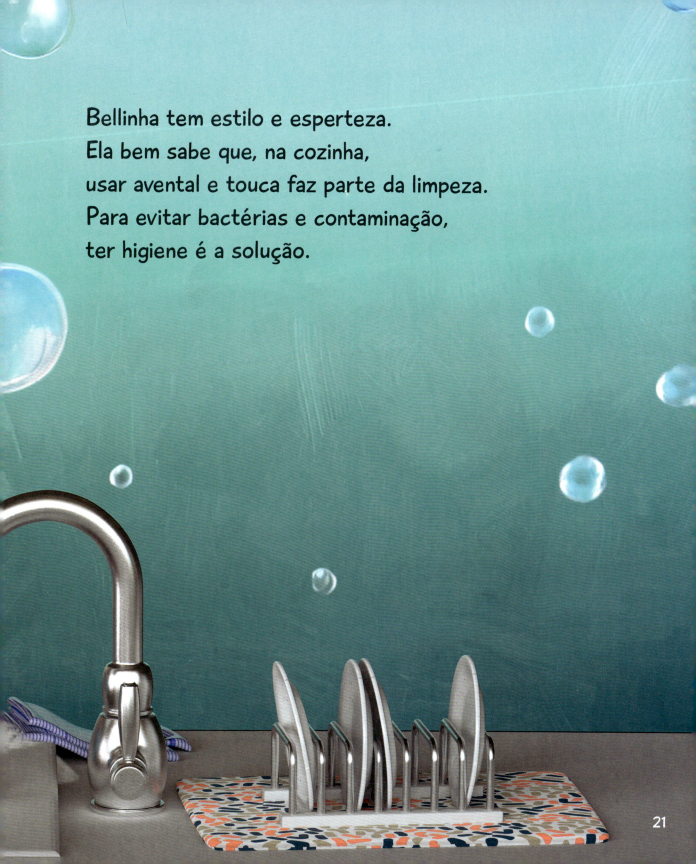

Bellinha tem estilo e esperteza.
Ela bem sabe que, na cozinha,
usar avental e touca faz parte da limpeza.
Para evitar bactérias e contaminação,
ter higiene é a solução.

Bellinha já aprendeu que,
para ser chefe de cozinha,
não basta entender de receitas e medidas
nem ter muitos likes e curtidas.

O que vale mesmo é em tudo colocar
o tempero do amor,
e desfrutar em família
a alegria de todo sabor.

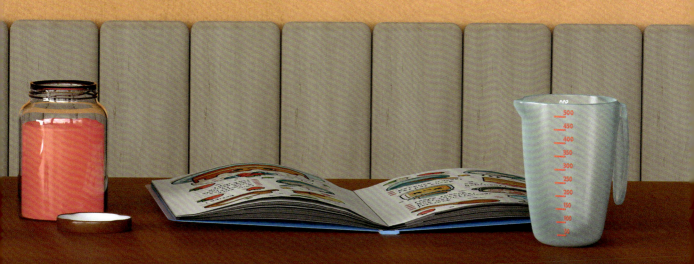

E, quando chega a noitinha... hummm...
Um agradável cheirinho vem da cozinha!
Seja frio ou calor, não importa a estação,
uma sopinha, deliciosa e nutritiva,
é de fácil digestão.

Depois do banho, Bellinha e sua turminha podem saborear a gostosa sopinha!

ATIVIDADES

NO CAÇA-PALAVRAS ACHE O NOME DOS OBJETOS E ALIMENTOS NA COZINHA DA BELLINHA.

 FOGÃO  MESA   FACA   PANELA

 COLHER  FARINHA   OVO   BOLO

 SAL   TOMATE   LEITE   BANANA

E	I	F	O	G	Ã	O	A	O	V	M	E	S	A
K	Y	A	M	S	Z	O	F	A	R	I	N	H	A
J	E	F	O	V	O	B	H	A	V	L	T	W	A
A	D	I	R	A	E	L	H	A	F	I	S	A	Q
S	A	L	K	D	I	K	I	C	A	D	O	T	V
R	A	Q	E	V	G	X	T	O	C	L	H	O	N
N	M	K	A	P	A	N	E	L	A	O	J	M	M
B	A	E	I	S	R	C	A	H	D	D	Q	A	E
O	F	O	P	I	S	F	L	E	I	T	E	T	I
L	I	F	A	L	K	G	J	R	P	A	J	E	P
O	L	J	B	A	N	A	N	A	I	Y	A	I	E

26

AJUDE A BELLINHA A ENCONTRAR O CAMINHO DA HORTA, PARA IR COLHER VERDURAS FRESQUINHAS.

COLOQUE CADA ALIMENTO EM SUA CESTA CORRETA.

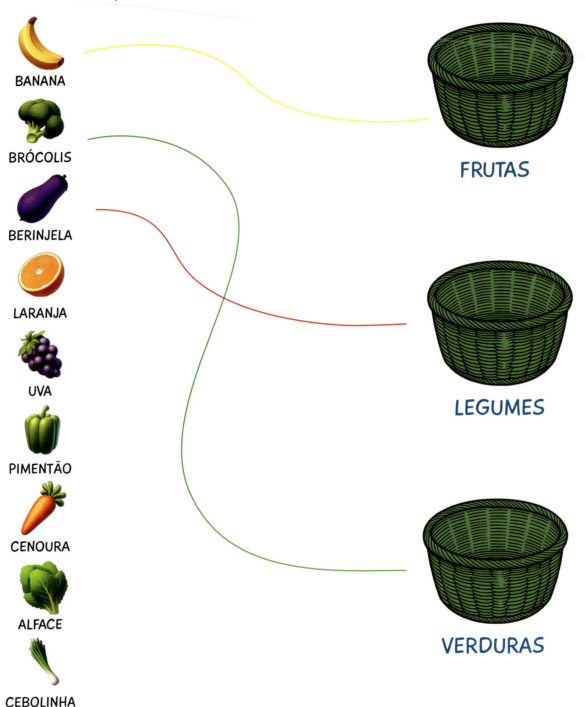

VAMOS COLORIR?

29

RECEITA

E agora é hora de uma deliciosa aventura.
Uma touca na cabeça e um avental na cintura.
Convide o papai e a mamãe, a titia ou a vovó,
e vamos colocar a mão na massa e preparar
um saudável bolo para todos saborearem.

BOLO DE ESPECIARIAS

Ingredientes:
4 ovos
1 xícara de farinha de trigo
1 xícara de suco de laranja
1 xícara de açúcar mascavo
1/2 xícara de óleo
3 colheres (sopa) de linhaça moída
1/2 xícara de aveia em flocos
2 xícaras de granola
Canela e noz-moscada em pó, a gosto
1 colher (sopa) de fermento em pó

Modo de preparo:
Numa batedeira vamos colocar os ovos e o açúcar. Bater bem em velocidade média. A seguir, intercalar a farinha, o óleo e o suco de laranja. Em um recipiente, vamos juntar a linhaça, a aveia, a granola, a canela, a noz-moscada. Em seguida, despejar a mistura da batedeira. Mexer sem parar até obter uma massa uniforme. Por último, colocar o fermento, mexendo, levemente. Colocar numa forma untada e pedir ajuda a um adulto para levar ao forno preaquecido. Deixar o bolo assar, em temperatura baixa, por aproximadamente uns 40 minutos. Ainda com a ajuda de um adulto, enfiar um palito para ver se está assado. Depois é só esperar esfriar, desenformar com cuidado e saborear com moderação.

MÚSICA

NA COZINHA COM BELLINHA, A OVELHINHA

Verônica Firmino

Na cozinha da Bellinha
Tudo é muito especial
Tem comidas bem gostosas
Alegria e bom astral

Tem verduras e legumes
Tem arroz, feijão, salada
Frutas frescas bem lavadas
Refeição equilibrada

Comer saudável é legal
E se tudo é natural
Ajuda o corpo e a mente
A gente cresce mais contente

Na cozinha da Bellinha
Tem cuidado e atenção
Criança não vai sozinha
Tem um adulto na inspeção

E em família a refeição
Fica mais especial
Bem melhor que a sobremesa
É o amor reunido à mesa

Aponte a câmera do celular para o QR Code e ouça a canção nas plataformas digitais.

31

Rua Dona Inácia Uchoa, 62
04110-020 – São Paulo – SP (Brasil)
Tel.: (11) 2125-3500
paulinas.com.br – editora@paulinas.com.br
Telemarketing e SAC: 0800-7010081